decorare

TEGOLE AD ARTE

SOTTO LE TEGOLE SI NASCONDONO DELIZIOSI AMBIENTI IN MINIATURA

...LA CASA DEGLI GNOMI, LA PIZZICHERIA...

ECOLIBRI

decorare
TEGOLE AD ARTE

AUTRICI
Patrizia Paioletti, Elena Pitzorno e Lorenza Pruzzi (Team Decotour)

HANNO COLLABORATO
Monica Mei, Cinzia Novelli, Emma Santucci

PROGETTO GRAFICO E IMPAGINAZIONE
Renzo Zanoni, Antonio Crovace

FOTOGRAFIE
Studio AB

1° edizione Novembre 2008

© Arsenale Editore s.r.l.

Via Ca' Nova Zampieri, 29
37057 - San Giovanni Lupatoto (Verona)

Sommario

I progetti presentati alle pagine 4, 15 e 17 sono di **PATRIZIA PAIOLETTI**.
Patrizia vive a Roma e da circa otto anni si occupa di arti creative. Spazia da una tecnica all'altra con passione, inventiva, creatività e fantasia con grandi soddisfazioni.
Nel 2005 è uscito il suo primo manuale di découpage. Nel 2007, poi, con una seconda publicazione, ha trattato varie tecniche di lavorazione su tegole, mentre gli ultimi due suoi manuali, usciti nel 2008, hanno riguardato la lavorazione su pannelli e la realizzazione di miniature in fimo. Oltre a pubblicare manuali ed elaborare nuove tecniche di lavorazione, organizza corsi e dimostrazioni di apprendimento in vari negozi o ad hoc per gruppi di persone.

PER INFORMAZIONI
cell. 339 6039248 - creareconbellearti@libero.it

"Ettogrammo, chilo, mezzochilo.
cacio, burro, prosciutto, salame,
acciughe, salacche, baccalà..."
Sono voci del gergo
di questo untuoso reame.
"Mi serve o non mi serve?
Ho tanta fretta!"
"Aspetti..."
"Mi dia retta.
Venga qua."
S'infuria una servetta,
una s'acqueta.
"Il solito formaggio
ma con poca corteccia."
E una sicura mano
apre una breccia nel parmigiano.
Molla e tira, tira e molla,
poca corteccia e di molta midolla.
Aver fretta ed aspettare,
pesare, tagliare, affettare,
entrare, andar via,
sono le note costanti
della quotidiana sinfonia
in una antica pizzicheria.

Aldo Palazzeschi (1885-1974),
poeta italiano, padre della neoavanguardia

Il progetto presentato alla pagina 19 è del TEAM DECOTOUR.
Decotour nasce nel 2005 da un gruppo di creativi al fine di promuovere e diffondere la passione per la decorazione del mobile, del complemento d'arredo e della pareti di casa, attraverso corsi specializzati destinati a professionisti del settore e ai meno esperti.
I questi anni il team itinerante ha incontrato allievi in molte città italiane e proposto con successo corsi classici e innovativi ai numerosi visitatori delle più prestigiose fiere del settore hobbistico-creativo.

PER INFORMAZIONI SU ATTIVITÀ E CORSI
Lorenza Pruzzi: tel. 339 5437633
www.loridecor.com - lori.decor@libero.it
Elena Pitzorno: tel. 333 3635259
elenapitzorno@tiscali.it

UNA PIZZICHERIA PICCOLA PICCOLA

Volevo realizzare un piccolo negozio di alimentari e... mi sembra di esserci riuscita. Ho inserito prodotti, cibi e miniature varie che lo ricordassero in tutto e per tutto: un bancone in miniatura con esposti salumi e formaggi e, appesi al soffitto, deliziose salsicce e gustosi prosciutti. È ovvio che più materiali userai maggiore sarà il risultato della tua creazione.

IL MATERIALE NECESSARIO PER I DETTAGLI

- *Carta di riso*
- *Aquacolor nei colori testa di moro e ocra*
- *Deka Cristal nei colori marrone e arancio*
- *Fimo nei colori: bianco, giallo, sabbia, trasparente, rosso, nero, marrone e terracotta*
- *Fimo liquido*
- *Balsa da 2 o 3 mm*
- *Pepe nero*
- *Volantini pubblicitari*

Servono inoltre

- *Forbicine*
- *Cutter*
- *Pennello piatto sintetico, n. 18*
- *Pennello tondo di setola, n.16*
- *Pennello tondo di setola, n. 8*
- *Efaplast bianca*
- *Fondo gesso acrilico*
- *Pasta a rilievo*
- *Colla acrilica*
- *Rullo di plastica*
- *Ago e filo*
- *Colla a caldo*

Signore! Avanti! Prosciutti e salami della migliore qualità...

↘ Passa una mano di fondo con gesso acrilico sulla parte concava del coppo e lascia asciugare. Incolla con colla acrilica la carta di riso con la finestrella.

↘ Quando la colla è asciutta, con un pennello tondo di setola picchietta la superficie del coppo con pasta a rilievo. Otterrai un effetto tipo intonaco. Colora poi tutta la superficie con Aquacolor ocra e lascia asciugare.

↘ Da un foglio di balsa di circa 3 mm taglia dei quarti di cerchio e due semicerchi. Colorali con Aquacolor marrone testa di moro. Incolla il semicerchio per soffitto e le mensole con la colla a caldo a destra e a sinistra della finestra, lasciando 3 cm tra una mensola e l'altra.

Dixax
Dixax
Perlene

Detersivi e scatole di biscotti

➘ Stendi la pasta Efaplast bianca con un rullo di plastica fino a ottenere uno spessore di circa 3 mm.

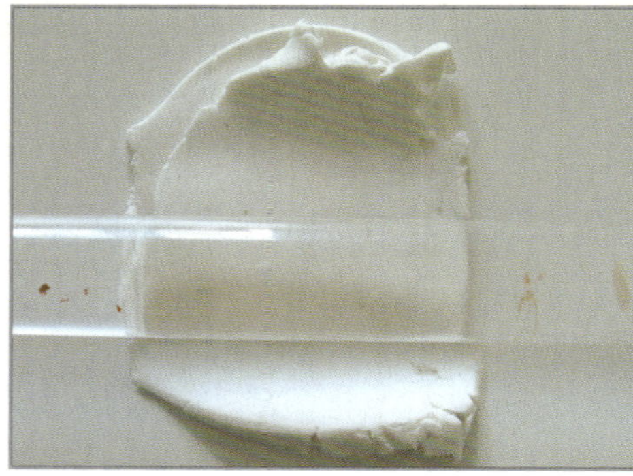

Per realizzare le immagini
fotocopia, riducendo a misura, i prodotti stampati sui volantini pubblicitari dei grandi magazzini.

➘ Incollaci sopra con colla acrilica le immagini dei prodotti ritagliate.

➘ Prima che la pasta asciughi completamente, ritaglia con un cutter i bordi delle immagini.
Affinché i vari pezzi non si deformino, l'asciugatura deve avvenire con un peso sopra.

Un saporita pancetta

➘ Miscela il fimo rosso con una piccola punta di fimo nero. Dopo aver ottenuto un impasto bordeaux, modella degli strati di 1 mm. Alternali al fimo trasparente. Realizza con il fimo color sabbia le parti esterne della pancetta. Taglia dagli strati dei panetti di circa 2x1 cm e con il fimo liquido incolla i granelli di pepe nero.
Ritaglia qualche fettina di pancetta e forma la composizione incollando il tutto con il fimo liquido su una piccola scorza di legno.

Gustose salsicce

↘ Realizza un impasto bordeaux come hai fatto per la pancetta. Sminuzzalo con il cutter unendo del fimo trasparente.

Taglia l'eccesso del fimo trasparente con il cutter.

Per la composizione taglia delle fettine sottili e incollale con il fimo liquido su una scorza di legno.

Modella dei piccoli ovali di circa 1 cm. Con l'aiuto di ago e filo lega delle trecce di salsicce. In una treccia ci sono circa 10 ovali.

Un salame profumato

↙ Sminuzza con il cutter il fimo colore bordeaux e quello trasparente. Forma un cilindro di 1x3 cm circa. Ricopri il cilindro con il fimo trasparente dopo averlo steso con un rullo di plastica.

Prosciutto di qualità

↙ Crea l'impasto bordeaux (vedi pancetta). Unisci al lato del fimo bordeaux la stessa quantità di fimo trasparente. Modella la coscia del prosciutto.

Con il retro lama del cutter incidi delle diagonali. Ricopri il tutto con il fimo sabbia e ritaglia l'eccesso aiutandoti con il cutter.

Per fare l'osso, unisci una piccola pallina di color sabbia al lato del prosciutto. Scurisci il color sabbia iniziale con il colore per vetro all'acqua Deka Cristal marrone.
Con l'aiuto del fimo liquido incolla i granelli di pepe nero.

Un dolce formaggio

Miscela al fimo bianco, una punta di giallo e una punta di sabbia. Così facendo si ottiene il colore della pasta del formaggio. Forma quindi una pallina di circa 1,5 cm. Schiaccia e passa il colore per vetro all'acqua Deka Cristal marrone su tutta la superficie. Taglia con il cutter due o tre spicchi e, con l'aiuto di uno stuzzicadenti esegui i buchini all'interno delle fettine. Forma la composizione incollando il tutto con fimo liquido sopra una piccola scorza di legno.

Il vaso di terracotta

Con il fimo color terracotta forma una pallina di circa 1,5 cm, poi con il manico del cutter, ruota il vasetto fino alla grandezza desiderata ed esegui le incisioni.

Fagioli

Con il fimo marrone scuro crea dei piccoli ovali e con l'aiuto di uno stuzzicadenti bucherella leggermente tutta la superficie. Componi il vasetto riempiendolo di fagioli, uniti tra loro con il fimo liquido.

Lenticchie

Procedi allo stesso modo per il vaso di lenticchie. Schiarisci con una punta di bianco il marrone e, dopo aver realizzato delle minuscole palline, schiacciale.

A questo punto incolla con il fimo liquido le lenticchie nel vasetto.

Un vaso di farina

Realizza il vaso della farina con lo stesso procedimento seguito per quello dei fagioli e delle lenticchie. Riempi l'interno con una pallina di fimo di qualsiasi colore e su di essa passa il fimo liquido poi aggiungi la farina.

Le michette

L'impasto del pane è realizzato con il fimo bianco, una punta di giallo e una punta di color sabbia. Forma una pallina di circa 1 cm di diametro e schiaccia leggermente. Quindi incidi a stella con il retro lama del cutter.

Modella una pallina più piccola e posizionala al centro delle incisioni.

Lo sfilatino

Per l'impasto segui gli step realizzati per la michetta.
Forma poi un ovale di circa 2 cm sul quale andrai a incidere delle diagonali con il retro lama del cutter. Prima della cottura spennella sulla superficie del pane il colore per vetro all'acqua Deka Cristal arancio.

Dixax
WC
Perlene
Gran

REALIZZAZIONE *del bancone*

IL MATERIALE NECESSARIO

Legno di balsa:
- *8x15 cm (frontale)*
- *4x5 cm (2 pezzi laterali)*
- *12x6 cm (piano d'appoggio)*
- *6x5cm (2 pezzi triangolari da applicare sul piano d'appoggio)*
- *6x12 cm (Crilex)*

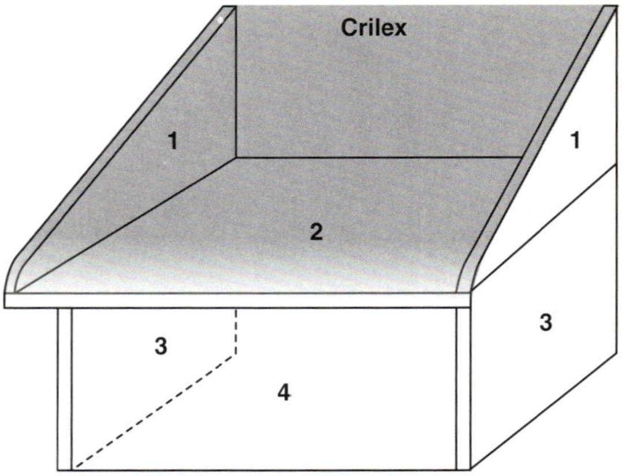

Crilex
1 *Triangoli* **3** *Laterali*
2 *Piano d'appoggio* **4** *Frontale*

Dopo aver tagliato il legno di balsa, seguendo lo schema, incolla tra loro con colla a caldo i lati, il fronte e il piano d'appoggio. Sovrapponi lateralmente i 2 triangoli e utilizzali per incollare il crilex simulando così il vetro del bancone. Lascia vuota la parte retrostante per poi utilizzarla per l'inserimento dei vari cibi che si vogliono esporre.

IL MATERIALE NECESSARIO

- *Coppo da 25 cm*
- *Disco di legno da 1 cm di spessore (diametro in base alla grandezza della base del coppo)*
- *Prodotti realizzati con la pasta Efaplast bianca*
- *Miniature create con il fimo*
- *Rettangolino di pizzo*
- *3 bottigliette di plastica*
- *Bancone già realizzato*
- *Colla a caldo*

MONTAGGIO FINALE DELLA TEGOLA

- Incolla con colla a caldo sopra le mensole i prodotti (biscotti, detersivi...) realizzati con la pasta Efaplast bianca.
- Incolla alla base del coppo un disco di legno come pavimento. Fissa con colla a caldo il bancone.
- Inserisci le miniature in fimo dopo averle cotte in forno per 20 minuti a 100 °C.
- Lega i salumi con una piccola corda e appendili alla mensolina con l'aiuto di un chiodino.
- Ritaglia a dimensione esatta un pizzo bianco sintetico e incollalo per il lungo al soffitto.

TUTTO IL SAPERE IN PILLOLE

Un elegante salottino con angolo lettura. Per allestire l'ambiente ho realizzato una stanza tappezzata con carta per scrapbooking applicata sul fondo del coppo e sul pavimento. Ho costruito poi le mensoline e i relativi sostegni in legno di balsa. Per confezionare i libri ho utilizzato piccole immagini ridotte e le ho applicate su rettangoli di fimo. Come lampade ho utilizzato piccole perle calottine e del filo metallico. Ho arredato poi con vasi, fiorellini e quadretti.

UNA SCARPETTA PER CENERENTOLA

Applica la carta per lo scrapbooking sul rovescio del coppo e sul pavimento. Crea le scatoline con avanzi di legno e colorale. L'impianto di illuminazione è stato realizzato con perle, calottine e filo metallico. Se vuoi mettere un vero impianto di illuminazione in miniatura, fora la tegola, prima della lavorazione, e applica la batteria nella parte posteriore. Le scarpe e le borse sono state realizzate interamente con il fimo. Per creare le mensole utilizza dei piccoli cubetti di legno e per il bancone un cubo più grande. Dipingi poi l'esterno affinché assomigli a un mobile a due sportelli. Abbellisci le varie miniature con un po' di glitter colorati.

37
€ 42,00
36
35
36
40

La Casa degli Gnomi

Gli Gnomi... berretto rosso e camicia blu, una casa sotto le radici degli alberi, nascosti e protetti da sguardi indiscreti, un tavolo rustico con un centrotavola natalizio, una legnaia/dispensa con le provviste per l'inverno...
Una casa da ricreare con balsa, paste modellabili, colori e alcuni vecchi coppi.

Nessuno sapeva qualcosa della storia degli Gnomi
prima che i Nani li scoprissero;
neppure gli Gnomi ricordano le loro origini...

Gli Gnomi sono piccoli, magri e bizzarri. Ricordano un po' i Nani, ma sono, incredibilmente, più bassi e le loro teste sono più grandi rispetto al corpo. Hanno nasi grossi e sono di aspetto rubicondo, le orecchie sono larghe e rotonde, e i capelli sono dei colori più assurdi, compresi il verde acceso e il rosa shocking. Hanno quattro dita per mano (tre più il pollice). Spesso portano occhiali rotondi, camici e cinture porta-oggetti.

IL MATERIALE NECESSARIO PER I DETTAGLI

- ***Una striscia di legno di balsa per la piattaia, h 2 mm***
- ***Una striscia di sughero***
- ***Una striscia di legno di balsa per il tavolo, 4 mm***
- ***Mordente all'acqua color noce o mogano***
- ***Colla vinilica forte e colla a caldo***
- ***Seghetto***
- ***Forbici***
- ***Pasta modellabile color terracotta o bianca***
- ***Matterello***
- ***Colori acrilici assortiti***
- ***Pizzo***
- ***Iuta***
- ***Pennelli assortiti***
- ***Materiale naturale di recupero (legni, muschio, sassi, pigne, semi...)***
- ***Panno colorato***
- ***Mollettine***
- ***Pezzetto di corda***
- ***Sughero***

Gli Gnomi sono grandissimi amici dei Nani. Sono cauti nei confronti degli Elfi alti, come tutti noi del resto! Provano un po' di risentimento verso gli Orchi, ma il carattere degli Gnomi è bonario, e sono disponibili a dare loro una seconda possibilità. I loro eterni rivali sono i Goblin. Se la rivalità debba essere amichevole o brutale dipende dal tipo di individui coinvolti.

Gli Gnomi credono solo in loro stessi, nei loro amici e nelle loro invenzioni

LA CASA DEGLI GNOMI

La piattaia

Colora il legno di balsa con due mani di mordente color mogano. Con le forbici taglia il fondo di 4,5x8 cm, due sponde di 4,5x1 cm e tre ripiani di 8x2 cm.

Ritaglia due strisce di pizzo e incollale su due dei tre ripiani. Assembla i pezzi con la colla vinilica.

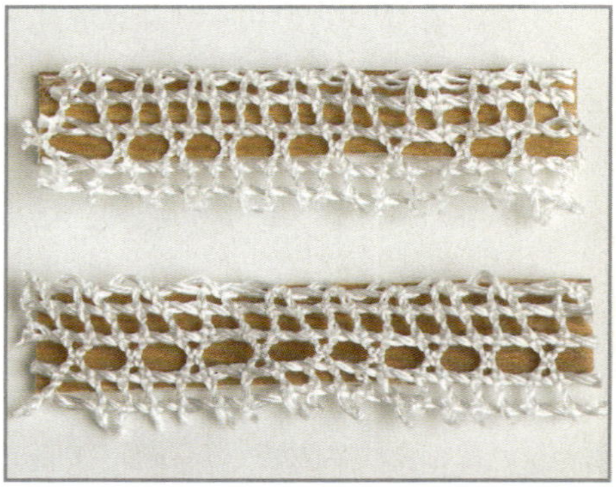

Con la pasta modellabile crea piattini e vassoi tondi e ovali, in misura proporzionata alla piattaia. Colorali poi con colori acrilici. Con un pennellino fine traccia semplici disegni. Allo stesso modo crea il fregio da apporre sopra la piattaia. Con la colla a caldo incolla piatti e fregio.

Si sa poco attualmente della cultura gnoma. Apparentemente la loro vita ruota attorno alla tecnologia, agli esperimenti alchemici e alla conoscenza. Alcuni gnomi hanno scelto anche la via della magia arcana, diventando maghi. Gli Gnomi parlano Gnomish e Common, ma conoscono anche il linguaggio di altre razze amichevoli, e sanno anche la lingua dei Goblin, loro rivali.

Realizzazione dei secchi

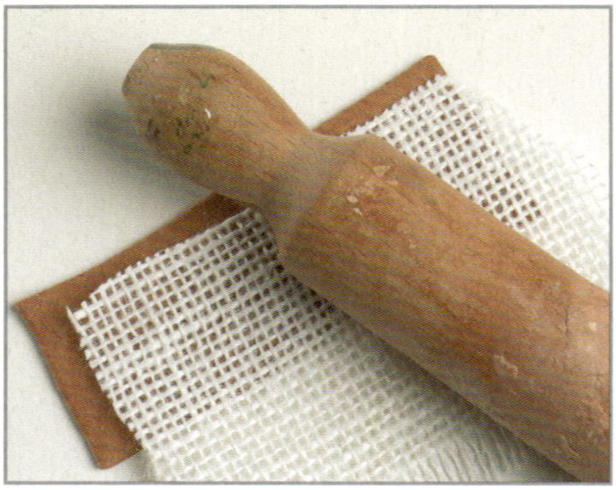

Con il matterello stendi una sfoglia di pasta modellabile alta circa 3 mm. Per imitare la paglia intrecciata sovrapponi un pezzo di iuta e, premendo con il matterello, incidi la texture.

Taglia una striscia di pasta di circa 6x4 cm. Rivolta un piccolo bordo superiore e avvolgila su un dito per modellare una forma a cilindro. Chiudi i lembi, taglia mezzo cm di fondo e appoggia il cilindro al piano di lavoro. Premi dall'interno del cilindro in modo da appiattire il fondo e creare una base d'appoggio.

Con altra pasta liscia puoi creare secchielli e mastelli dalle forme e dai decori più vari.

LA CASSETTA DELLA POSTA

➘ Taglia una striscia di pasta di circa 3x6 cm. A circa 1,5 cm incidi la base della cassetta. Ribalta sulla base la restante parte della striscia e unisci i lembi.

Ritaglia dalla pasta il fondo di chiusura della cassetta. Lascia asciugare. Colora in rosso la cassetta e con un pennellino fine metti la scritta in bianco. Ritaglia la base da un pezzetto di balsa e con un legnetto prepara il paletto di sostegno.

Assembla gli elementi con la colla a caldo. Decora con muschio e un giornale in miniatura.

Gli Gnomi credono solo in loro stessi, nei loro amici e nelle loro invenzioni. Solo un numero minuscolo segue sentieri più elevati.
La loro società è divisa in Maghi, Stregoni, Guerrieri, Ladri.
Il capo è chiamato Alto Stagnino.
La loro cavalcatura è lo struzzo meccanico.

La loro tecnologia sembra interessarsi solamente a progetti insensati e pericolosi che spesso portano a guasti o esplosioni e alla perdita dell'inventore. Parecchi dei loro esperimenti vogliono varcare le leggi del tempo, dello spazio e della fisica. Molti congegni spesso risultano dei colossali fallimenti, come il Pollificatore Gnomico o il Raggio Restringente.

Il pensile in sughero

- Con le forbici taglia dal sughero il fondo del pensile di circa 3x4 cm, due sponde laterali, tre ripiani e due facciate per i cassetti in proporzione.

- Con la colla a caldo assembla i pezzi e applica due perline dorate come pomelli dei cassetti.

Mensole e altri accessori

- Con la pasta modellabile colorata potrai realizzare mensoline, orologi da parete, sagome di libri, appendiabiti, funghi, frutta di bosco, uova...

Tavolo e panche

↖ Con la balsa di varie altezze da tagliare con forbici, seghetto o cutter puoi realizzare il tavolo, le panche e gli altri piccoli arredi. Utilizza il tingilegno per colorarli.
Sul piano del tavolo disegna poi un fregio in stile tirolese. Orna con funghetti e miniature a piacere.

La legnaia

↙ Assemblando altre miniature ed elementi che trovi in natura, crea simpatici particolari come ad esempio la legnaia e la dispensa degli gnomi.

La cassapanca

➘ Con del cartone ripiegato costruisci la cassapanca, da colorare e poi riempire con i piccoli abiti in panno.

Abiti e cappelli

➘ Con del panno colorato realizza abiti e cappelli per i nostri piccoli amici, da stendere con mollette mignon sul filo da bucato.

ASSEMBLAGGIO DELLA CASA *degli gnomi*

- Taglia la carta da decoupage selezionando magari qualche elemento di tuo gusto.
- Colora l'interno dei coppi, richiamando i colori delle pareti rappresentate nella tua carta.
- Incolla con colla vinilica i ritagli, creando ambientazioni diverse su due piani (sala da pranzo, cucina, lavanderia al piano terra, stanze da letto e legnaia/dispensa ai piani alti).
- Con la colla a caldo incolla i vari elementi realizzati in precedenza negli ambienti corrispondenti.
- Incolla i coppi su una sagoma di compensato o di cartone robusto colorato in precedenza simulando un pavimento rustico in legno.
- Posiziona ora tavolo, panche, secchi, mastelli...
- Crea il tetto con radici e rami secchi e apponi la scritta. Dai vita alla casa con dei simpatici gnomi.

IL MATERIALE NECESSARIO

- ***Coppi***
- ***Colori acrilici***
- ***Carta da découpage***
- ***Base di legno o cartone rigido***
- ***Colla vinilica***
- ***Colla a caldo***
- ***Miniature realizzate***
- ***Radici e rami secchi***
- ***Scritta "Casa degli Gnomi"***

Tra le creature che appartengono al Piccolo Popolo gli Gnomi sono sicuramente i più misteriosi. Sul loro conto infatti sappiamo pochissimo. La loro straordinaria timidezza e la diffidenza nei confronti delle cose umane li hanno spinti a vivere in luoghi remoti e a circondarsi del più fitto mistero.

Sono gli Gnomi che piantano i semi di nuovi alberi, ne curano le radici e si occupano dei cuccioli e dei piccoli uccelli rimasti senza genitori e sono sempre loro che fanno sfuggire l'ascia di mano ai boscaioli o sbagliare la mira ai cacciatori. Gli Gnomi spesso sono confusi con i Folletti e con i Nani, ma sono assai diversi!

I Folletti hanno un carattere assai più bisbetico e dispettoso e soprattutto amano curiosare nelle case degli uomini, cosa che invece gli Gnomi detestano. Quanto ai Nani, abitatori del sottosuolo e lavoratori instancabili, la rassomiglianza con gli Gnomi è assai più vaga. Oltre a essere più alti sono malinconici e severi. Nessuno li ha mai sorpresi a ridere e a scherzare, mentre sappiamo che l'allegria è una delle doti più simpatiche ed evidenti dei piccoli Gnomi.

LA CASA DEGLI GNOMI

Indice

Finito di stampare nel mese di Novembre 2008
presso EBS Editoriale Bortolazzi-Stei
San Giovanni Lupatoto (Verona)

EcoLIBRI

Tutti i nostri libri sono realizzati interamente in Italia con carte provenienti da foreste appositamente dedicate e periodicamente rigenerate.
Inoltre i materiali usati sono ecologicamente compatibili nel rispetto dell'ambiente e delle persone.
Tutta la nostra produzione è realizzata prestando attenzione alle norme di sicurezza, alla salute del consumatore e dei nostri lavoratori.

decorare
TEGOLE AD ARTE

ISBN 978-88-571-0049-4
9 788857 100494
€ 3,90

petit futé

2024

WWW.PETITFUTE.COM

NANTES

City book

Eatinéraire
GOURMAND À NANTES